L'Abbé Eugène Ferran

LE
Vieux Pamiers

Pamiers avant l'occupation Romaine.
Pamiers sous la domination Romaine.
Les anciens lacs de Pamiers.
La navigation sur l'Ariège
et le commerce des vins à Pamiers
aux XIIIe et XIVe siècles.

FOIX
TYPOGRAPHIE POMIÈS, FRA ET Cie SUCCESSEURS

1910

Le Vieux Pamiers

Pamiers avant l'occupation Romaine

Le testament du comte de Rouergue, qui mentionne, en 961, l'abbaye de Saint Antonin de Frédélas, est le premier document certain et nettement historique que nous possédions sur notre pays. Le nom même de Pamiers, *Castrum Apamie*, n'est pas prononcé avant la charte de 1111, et il s'applique au château-fort que le comte de Foix, Roger II, venait de construire ou plutôt de réédifier et d'amplifier, au retour de la croisade. Il est hors de doute, en effet, bien que les documents strictement historiques fassent défaut, que les Romains, maîtres du territoire que dans leur langue harmonieuse ils appelèrent *Frigidus lacus, Fredelacensis*, cité des lacs froids, y établirent une forteresse où habitèrent leurs gouverneurs dont nous aurons à nous occuper plus tard. Quelle que soit la pénurie des manuscrits et des monuments lapidaires, l'origine de notre ville n'en remonte pas moins à une très haute antiquité, suivant les témoignages de plusieurs auteurs dignes de foi (1).

(1) Voir notamment Nicolas Bertrandi, dans ses *Gestes Tolosains*. — On lit dans *l'Annuaire statistique du département de l'Ariège, pour l'année 1834*, (page 299,

Bien avant l'ère chrétienne, cette cité dut avoir son autonomie, sa langue autochtone, son organisation territoriale et politique et sa mythologie particulière dont elle fut apparemment dotée par les Celtes, ces hommes âpres, hardis, aventuriers, (*gens aspera, audax, bellica*), qui arrivèrent dans la Gaule méridionale environ dix siècles avant Jésus-Christ et pénétrèrent profondément dans la vallée de l'Ariège qui, de toutes les vallées Pyrénéennes est celle qui offre l'accès le plus prompt et le plus facile jusqu'au sein des montagnes et, par le col voisin de Puymaurens, jusqu'à la péninsule Hispanique. La domination celtique a laissé parmi nous de nombreuses traces au point de vue de la linguistique dans les noms de rivières, de monts et de localités (1).

Notre fontaine toujours jaillissante du *Touronc,* autrefois *Toronc,* a un nom nettement celtique qui se retrouve, dit M. de Lahondès, avec la variante *Théron* dans quelques fontaines de France et qui s'est conservé aussi dans le nom de plusieurs familles. « Serait-ce, ajoute le savant archéologue, la divinité protectrice à laquelle se confièrent les premiers habitants? Rien ne l'affirme, mais il est certain que le nom de *Toron* accuse une haute antiquité. »

La situation avantageuse du pays, sillonné de cours d'eau et d'étangs poissonneux, entouré de collines boisées où, plus que de nos jours, abondait le gibier, dut de bonne heure et dès le début même des temps préhistoriques fixer l'attention des tribus errantes dont le passage dans les lieux circonvoisins est signalé par de nombreux échantillons d'armes rudimentaires, de formes et d'époques très variées.

Une hâche en quartzite taillé, du type chelléen le plus pur, a été trouvée en 1895 par M. Azéma, licencié ès-sciences, sur le côteau de Saint-Raymond. Des hâches de l'âge de la pierre polie ont également été découvertes dans les mêmes parages et sur d'autres points du territoire. Parmi les urnes funéraires recueillies sur l'emplacement du cimetière de Saint-Jean, il en est certaines que MM. Cartailhac et Pasquier attribuent sans

---

publié par les soins de M. de Monicault, maître de requêtes, Préfet de l'Ariège : « On prétend que Pamiers est d'origine celtique. Les traditions populaires et les chroniques s'accordent sur ce point, et les ruines qu'on trouve dans les environs semblent donner quelque probabilité à cette opinion. »

Cette déclaration est aussitôt suivie d'une restriction qui ne saurait l'infirmer totalement, car elle est émise sans preuves : « Cependant l'histoire regarde comme des fables absurdes tout ce qu'on débite sur l'origine de cette ville. »

(1) Sur les Celtes, voir Encyclopédie du XIXe siècle, Tome IV., et *Annales de Pamiers* par M. Jules de Lahondès, Tome 1.

hésitation à la période celtique. Toutes ces précieuses trouvailles attestent que bien avant l'occupation romaine, notre sol avait ses habitants, qui graduellement, soit par leur propre génie, soit sous l'influence des peuples envahisseurs ou colonisateurs, se développèrent, se fortifièrent, à tel point que, suivant le témoignage de l'illustre Henri de Sponde (1), Pamiers devint la plus grande et la plus florissante ville de la Gaule narbonnaise après Toulouse : *Florentissima aliàs, amplissimaque totius Galliœ narbonensis à Tolosa provinciœ capite, civitate.* (Annal. Spond.)

Pamiers sous la Domination Romaine.

Les traces de la domination Romaine sont loin d'abonder à Pamiers comme elles abondent dans l'antique cité de Saint-Lizier et dans tout le Couserans où, grâce à la dureté admirable du marbre pyrénéen, de nombreuses inscriptions latines ont pu être conservées intactes jusqu'à nos jours. Ici, étant donnée la mauvaise qualité de la pierre employée pour les constructions, aucune inscription n'a pu résister au travail destructeur des siècles. Aucune statue de divinité, aucun chapiteau, aucune frise, aucun débris architectural pouvant se référer aux monuments religieux ou militaires érigés sur notre sol par les conquérants du monde. Tout a disparu de ce qui aurait pu apporter à l'histoire précise un inappréciable concours. C'est en vain que l'auteur de la *Notice historique sur la ville et le pays de Pamiers* s'évertue à décrire « deux doubles chapiteaux d'un temple de Diane, retirés des déblais de l'église du Mercadal, représentant la déesse avec ses attributs, entourée de sa meute courant dans le fourré ; un autre chapiteau en marbre blanc orné de feuilles et de fruits de la vigne ; une

(1) Ce prélat est un des plus célèbres parmi ceux qui ont occupé le siège épiscopal de Pamiers. Il naquit à Mauléon, en Soule, le 6 janvier 1568. Son père, qui était le conseiller de Jeanne d'Albret, et sa mère, Salvienne d'Hoste, avaient été gagnés au calvinisme par les prédications de Gérard Roussel, évêque d'Oloron. Il eut pour parrain, Henri de Bourbon, alors âgé de quinze ans. Il abjura l'hérésie le 21 septembre 1585, reçut la prêtrise le 26 mars 1606 et fut sacré évêque de Pamiers le 16 août 1626. Il garda ses fonctions jusqu'en 1639, les céda alors à son neveu et coadjuteur, Jean de Sponde, et les reprit à la mort de ce dernier, en 1643. Il succomba lui-même le 1er mars de cette année et fut enseveli derrière le maître-autel de la cathédrale Saint-Etienne, de Toulouse. Il a laissé de nombreux et savants ouvrages, notamment : *Les Cimetières sacrés*, la *Continuation des Annales de Baronius, de l'an 1127 à l'an 1622*, une *Histoire des Conciles*, etc., etc.

frise à feuilles d'acanthe et une assise de colonne d'un temple de Bacchus, ressemblant à une énorme vertèbre, mesurant soixante-dix centimètres de largeur sur trente-cinq de hauteur, portant, aux angles, quatre petites colonnes, ornées de rinceaux et contournées en spirales, de feuilles de pampre, débris de *fanum* trouvés dans les défoncements du quartier de Lestang; un beau chapiteau double, extrait des substructions de l'église actuelle des Carmes; ce chapiteau, chantourné, tout autour de l'entablement, de trente-six personnages en relief et dans des attitudes diverses, paraissant représenter la déesse Isis et ses attributs. » Ces diverses sculptures, comme l'affirme fort judicieusement M. de Lahondès, ne remontent pas au delà du XIIIe siècle et proviennent des diverses cloîtres autrefois annexés aux monastères de la ville.

Mais, à défaut de monuments lapidaires et d'inscriptions, il existe d'autres vestiges de l'empreinte profonde marquée par Rome sur le territoire appaméen.

En effet, les monnaies romaines se rencontrent très souvent dans le sol de la ville, à commencer par les deniers consulaires jusqu'aux pièces portant l'effigie des derniers empereurs. On en a trouvé surtout au cimetière de Saint-Jean, dans les déblais du Castella et de la place d'Armes, dans les démolitions de l'ancienne Halle-au-Blé, dans les fondations du Grand Séminaire et dans plusieurs jardins. M. Jacques Ourgaud donne, dans la Planche Figure 10, annexée à sa *Notice historique*, la description d'un denier d'argent trouvé par lui au cimetière sus énoncé. Cette pièce est de la famille plébéienne *Memmia*. Elle porte à l'avers le mot *Roma;* dans le champ, une tête laurée; au revers *Memmii;* dans le champ, un bige dominé par la Victoire apportant une couronne.

En outre des monnaies, un indice formel et catégorique du séjour et de l'organisation puissante des Romains à Pamiers est fourni par le cimetière à ustion dont le savant et bien regretté chanoine Pouech a retrouvé les traces sur les bords du chemin qui conduit à l'antique nécropole de Saint-Jean, où les dépouilles mortelles des habitants de la ville sont déposées depuis tant de siècles et qui depuis quelques années tend à devenir l'unique cimetière de la commune. Ce *cinerarium*, déjà connu par M. Ourgaud, renfermait de nombreuses urnes funéraires remplies d'ossements calcinés dont certaines remontent, il est vrai, à la période celtique, mais dont la plupart appartiennent à l'époque gallo-romaine. C'est surtout en 1879 et en 1887 que de nombreux échantillons de ces urnes de formes et de dimensions variées ont été découverts par M. Pouech et par M. Cambon, négociant à Pamiers (1). En 1879, M. Pouech découvrit encore sur le plateau du Castella, dans un puits vertical situé au milieu de la butte que l'on venait de raser, des fragments d'urnes romaines à anses et de poteries, parmi lesquelles un fond de patère très plate, en terre de Samos, ornée de cercles concentriques.

Les restes que nous venons de mentionner sont plus que suffisants pour attester l'existence d'une station romaine sur le territoire de la ville actuelle de Pamiers dont les conquérants n'eurent garde de négliger la situation éminemment favorable et la haute valeur stratégique qui leur assurait la domination de la plaine et le passage de la rivière.

Nous pouvons toutefois ajouter aux divers arguments allégués en faveur de cette thèse, qu'aucun auteur, du reste, n'a osé sérieusement contester, un dernier argument tiré de la linguistique. « La rapidité et l'universalité avec laquelle se répandit la langue du peuple vainqueur tient vraiment du prodige », dit M. de Lahondès. Il ajoute que le nom du premier groupe d'habitations, qui s'éleva sur le territoire de Pamiers, est très probablement d'origine latine, et que ce nom de Frédélas, *Frigidus lacus*, lui aurait été donné à cause de la nature marécageuse du terrain. Telle est aussi l'opinion plus catégorique encore de M. Ourgaud et du jurisconsulte Bertrand Hélie (de Pamiers) qui a écrit au XVIe siècle, en un latin aussi élégant que précis, une histoire sommaire des Comtes de Foix. Cet auteur appelle Pamiers : *Fontem Fredelasium, oppidum Fontis Fredelasii*, et il fait entendre que la ville prit naissance, comme d'autres villes, autour d'une fontaine dont l'eau était très froide, d'où lui vint le nom de *Frédélas : à fonte frigidissimo qui locum oppidi medium tenebat, id nominis habens*. Cette assertion paraît très probable à M. Victor Fons, ancien juge à Toulouse, dans un très intéressant opuscule : *Quelques précisions sur les origines de la ville de Pamiers* (1). Les variantes du mot Frédélas : *Frigidus lacus,*

(1) Nous donnerons dans l'*Annuaire* de 1911, sur le Cimetière à ustion de Saint-Jean et sur les urnes funéraires qui y ont été trouvées, une notice spéciale dont la lecture a été faite en séance publique de la Société Ariégeoise des sciences, lettres et arts.

(1) On peut consulter cet ouvrage, devenu très rare, à la bibliothèque municipale de Foix.

Fredelacus, Frigidilensis, Fredelacium. Fredelasius, Frezales, Frédélès, Fredaleiz sont dues à de simples différences de prononciation et d'orthographe, selon l'idiome propre des notaires chargés de la rédactiou de nos anciennes chartes. Dans ses *Etudes sur le pays de Foix* qui méritent d'être très attentivement consultées, M. A. Garrigou signale d'une façon très ingénieuse, en se basant sur les noms des lieux, le passage et les campements des Romains depuis Montaut jusqu'à Saint-Jean-de-Verges. Il est plus facile de contredire les sérieuses hypothèses de cet illustre ariégeois que de les réfuter.

Les anciens lacs de Pamiers.

Le territoire actuel de la ville de Pamiers était autrefois couvert de lacs et d'étangs plus ou moins profonds dont le dernier, totalement désséché il y a une quarantaine d'années à peine, a laissé son nom au vaste et populeux quartier de l'*Estang*. C'est de temps immémorial qu'existaient ses flaques d'eau stagnantes, alimentées soit par de nombreuses sources, fontaines du *Touronc*, de *Sainte-Hélène*, de *Sérou*, des *Larrons*, de *Sainte-Natalène*, de l'ancienne usine à gaz, toujours abondantes et fraîches, soit par des dérivations de l'Ariège, qui, se heurtant à l'ouest contre l'isthme-barrage du Castella, tournait ensuite vers le levant et parcourait un itinéraire diamétralement opposé à celui qui date de la rupture violente de cette digue naturelle.

Ces lacs donnèrent lieu à l'appellation romaine de la contrée : *Frigidus lacus, Fredelacus, Fredelacencis*, pays des lacs froids.

Les trois principaux étaient : celui du fond de la ville, qui n'avait pas moins de trois hectares da superficie ; celui du pont des Carmes ou d'*Encouloumès*, et celui qui baignait une partie du quartier de la *Caussade*, de *Loumet* et de *Piconnières*, et qui s'appelait proprement *le lac*. Les eaux de ce dernier lac ont été longtemps conservées et utilisées pour la défense des trois barrys dont l'un, appuyé particulièrement sur la chaussée qui en retenait les intumescences, avait pris le nom de barry de la *Caussado*, qu'il a retenu jusqu'à nos jours. (1) C'est dans ce but de fortification et de défense de la cité, que ce lac était entretenu par une prise d'eau pratiquée à l'amont de la grande chaussée, *grand payxera*, c'est-à-dire, de la chaussée du Pont-Neuf, construite pour élever le niveau de la rivière depuis que l'isthme-barrage du Castella avait disparu (2). Cette prise d'eau coulait dans un petit canal appelé le *Rec*. Ce *Rec* pouvait être fermé et il l'était parfois pour mettre les *trois Barrys* à l'abri des eaux pendant les grandes crues et retenir dans les lacs, après ces crues, l'excédent qu'elles y avaient jeté. Ainsi se maintenait le niveau de ce réservoir qui sans ces précautions eût été bientôt mis à sec.

Le lac de l'*Estang* était sans contredit le plus remarquable de tous (3) et les nombreuses fontaines qui lui formaient une ceinture presque continue lui eussent assuré une existence impérissable si la main de l'homme ne fût venue le supprimer. Il a fait place à la belle esplanade de *Milliane*. Nous l'avons vu dans ses derniers temps à l'état de prairie marécageuse, parsemée de roseaux et d'ajoncs, où foisonnaient les serpents d'eau et les grenouilles dont les assourdissantes clameurs troublaient parfois le sommeil des paisibles riverains.

L'auteur de la *Notice historique sur la ville et le pays de Pamiers* (4) affirme qu'on y a trouvé des débris de barques et d'engins de pêche enfouis dans la vase. Des fouilles intelligentes auraient peut-être fait découvrir dans les bas-fonds de ce marécage les indices d'une de ces cités lacustres qui ont illustré les lacs de la Suisse et de plusieurs autres pays et qui ont donné un si puissant essor aux études préhistoriques. Il est vivement à regretter pour la science que l'on n'ait pas su profiter de ce moyen facile de jeter quelques rayons de lumière sur l'existence de cette tribu primitive qui ensevelissait si pieusement les cendres de ses défunts dans les fosses à crémation

(1) Les eaux de ce lac qui donna son nom au pont et à la porte du Lac étaient contenues par des berges ou chaussées sur l'une desquelles s'appuyait un des barrys du château qui fut appelé le barry de la *Caussado*. Ce même fossé, après la construction du quartier de Loumet, a formé le lit du canal qui traverse ce faubourg. (Ourgaud, p. 8).

(2) Voir : *Topographie et archéologie de Pamiers*, par M. le chanoine Pouecn. (Vergé, 1888).

(3) Les eaux de ce lac étatent contenues, au XVIIIe siècle par les deux mottes de terre appelées Rodo-Milha et la Rodo, et par une digue en muraille de 2 mètres d'épaisseur, dont les vieux restes ont été détruits il y a une quarantaine d'années, qui s'étendait d'une motte à l'autre, munie de vannes, pour vider l'étang à volonté.

(4) Ourgaud, p. 8.

du tumulus voisin de Saint-Jean, où l'on a pu recueillir, comme nous l'avons déjà dit, des urnes funéraires d'une grande valeur archéologique (1).

Le regretté chanoine Pouech a émis également l'avis que l'on aurait pu trouver sous les eaux de cet étang des objets qui auraient fourni une date au moins relative de l'époque où l'Ariège a quitté son lit primitif pour se jeter dans celui qu'elle occupe actuellement.

Le troisième des lacs sus énoncés est celui d'*Encouloumès*. Ourgaud affirme qu'on traversait ce lac sur un pont à cinq arches, aujourd'hui caché dans le sous-sol de l'usine d'acier et qui se trouvait là avant que le nouvel établissement métallurgique se fût emparé de ce terrain (2).

Mentionnons pour mémoire un quatrième lac qui se trouvait aux abords de la butte dominée aujourd'hui par le hameau de la Cavalerie. C'était un gouffre immense aux eaux bleuâtres, qui fut nommé pour cette raison *Estanblaoü*. C'est là, d'après la tradition, que fut portée pour y être noyée par ordre de son père, l'un des gouverneurs de *Frédélas*, Sainte Natalène, sa neuvième fille, sauvée en ce moment par une intervention miraculeuse, et martyrisée plus tard sous la berge de Saint-Jean, à l'emplacement précis de la fontaine dite de « Sainte-Natalène » (3).

La Navigation sur l'Ariège et le Commerce des Vins à Pamiers

AUX XIIIe ET XIVe SIÈCLES.

Les Archives municipales de Pamiers nous ont permis de constater qu'aux XIIIe et XVIe siècles la rivière l'*Ariège* était navigable depuis cette ville où les bateaux, construits sur place et chargés principalement de vin, partaient du Port Saint-Martin, quartier du Jeu du Mail ; que cette navigation était règlementée et frappée de droits réguliers. Bien que ce

(1) Plusieurs de ces urnes ou *ollae* font partie de la collection Cambon et ont été visitées, en 1894, par le savant anthropologiste toulousain, M. Cartailhac.

(2) *Topographie et archéologie de Pamiers*, chanoine Pouech.

(3) Voir : *Vie de Sainte Natalène, vierge et martyre de Pamiers*, par M. l'abbé Labios, vicaire à Notre-Dame du Camp (Pamiers, T. Vergé, 1872.)

dépôt, autrefois l'un des plus riches de la région, soit aujourd'hui considérablement amoindri, on y retrouve encore, sinon le texte, au moins la mention détaillée des conventions et traités que les autorités locales, les industriels et les producteurs de vins durent signer avec les seigneurs riverains de l'Ariège et aussi avec les autorités anglaises de Bordeaux.

Raymond de Durfort (1) conclut avec les consuls de Pamiers : Arnaud de Calmels, Bernard Moren, Pierre Gaillard, etc., un arrangement, par acte passé le 5 janvier 1285 au Notariat consulaire de Chaussard. Cet accord donne aux habitants de Pamiers libre passage avec leurs bateaux et radeaux chargés, de quelque grandeur qu'ils soient, sur tout le parcours de l'Ariège, dans le domaine et la seigneurie de Bonnac (2). Raymond de Durfort promet, de plus, de les protéger et de les garantir de tout empêchement. Il s'engage à construire, à ses dépens, une navière ou écluse sur la chaussée de son moulin de Bonnac, à la maintenir en bon état, à la réparer et à la reconstruire même, si elle vient à être emportée par la violence des eaux, moyennant une somme de 30 livres tour-

---

(1) Raymond de Durfort signa, en 1331, le contrat de mariage de Jeanne de Foix avec le frère du comte d'Aragon. Cette illustre famille a donné son nom à une commune de l'Ariège, Durfort, *Castrum Durforti*, située dans les plateaux qui séparent les vallées de la Lèze et de l'Ariège (canton du Fossat). C'était une importante baronnie venant après celle de Rabat. En 1238, un Bernard de Durfort était coseigneur de Saverdun, et on retrouve en cette qualité plusieurs chevaliers de cette famille en 1331 et 1334. Les Durfort furent également seigneurs d'Unzent jusqu'au moment où ce fief passa à la famille de Lordat. Elle possédait de temps immémorial la seigneurie de Bonnac. En 1212, les frères Bernard et Pons-Azémar de Durfort, cédant à ce louable entraînement qui poussait tant de seigneurs dans la paix des cloîtres ou dans la vie austère des milices religieuses, se donnèrent à Dieu, à la Vierge Marie et à l'hôpital de Saint-Jean de Jérusalem, et cédèrent à la maison de Thor-Bolbonc, en présence de Bernard de Durban, précepteur des hospitaliers de Bolbone et de plusieurs chevaliers de l'Ordre, la moitié de leur seigneurie de Bonnac, avec les prés, vignes, droits de cens, agrier, tasques, oublies, lods et ventes, bois et taillis, eaux et rivages, hommes et femmes du domaine etc. Ces deux seigneurs reçurent ensuite des mains du précepteur de Thor-Bolbone, l'agrégation comme frères, la participation à tous les biens spirituels et temporels, le pain et l'eau, et les vêtements humbles pour tous les jours de leur vie, selon les règles de l'Ordre. (Voir *Le Grand Prieuré de Toulouse*, par M.-A. Du Bourg, 1883, et archives de la Haute-Garonne, Fonds de Malte, Thor-Bolbone, liasse III.) Les évènements inconnus qui emportèrent la commanderie de Bolbone, située dans la plaine de Montaut, dépouillèrent l'Ordre de Saint-Jean de ces pieuses largesses. Dans les reconnaissances et dans les procès-verbaux de visite de la commanderie de Caignac, il n'est fait aucune mention de possession des chevaliers de Malte à Bonnac. On ne sait quelle succession de faits avait mis ce fief aux mains du roi Philippe le Bel qui le revendit en 1300 à la famille de Durfort. Cette famille, qui avait d'ailleurs conservé la moitié de la seigneurie, en demeura maîtresse jusqu'à la fin du XVe siècle, où elle passa dans la maison des Villemur. Les Durfort possédaient à Pamiers la moitié du moulin d'Encolomiès et un grand hôtel où les comtes de Foix aimaient à être reçus. Les membres de cette grande famille avaient leur sépulture dans l'église des Pères Carmes.

(2) Bonnac, village du canton de Pamiers, 751 habitants.

nois qu'il déclare avoir reçue des Consuls. Il garantit ces divers engagements sur tous ses biens de Bonnac.

Quelques années avant, le 12 octobre 1272, Arnaud de Marquefave, chevalier et seigneur de Saverdun (1), procureur de ses coseigneurs, avait signé une transaction du même genre. Il permettait aux Consuls et habitants de Pamiers d'établir des navières sur les chaussées dépendant de Saverdun, sur l'Ariège ; les Consuls, de leur côté, promettaient auxdits seigneurs de payer une leude de six deniers tolzas par tonneau de vin qui y passerait, et, pour les autres marchandises, comme ils payaient par la voie de terre.

Le 25 mars 1287, un acte fut passé entre Aymard de Brassoles, abbé de Calers (2), et les Consuls et habitants de Pamiers, acte aux termes duquel ce religieux promettait d'entretenir en bon état le passelis du moulin de l'Abbaye situé sur l'Ariège, de manière à pouvoir toujours y faire passer les bateaux.

Le 28 janvier 1322 un marché fut conclu par les Consuls de Pamiers avec trois particuliers de Saverdun, pour faire curer et canaliser le lit de l'Ariège depuis le port de Pamiers jusqu'à Saverdun, afin d'y pouvoir faire monter et descendre les bateaux.

Ces divers traités, actes et conventions, que nous allons étudier rapidement avec quelques autres, démontrent qu'aux XIIIe et XIVe siècles, l'Ariège était navigable à partir de Pamiers, tandis qu'aujourd'hui et depuis de longues années (3), par suite

---

(1) Saverdun, chef-lieu de canton de l'arrondissement de Pamiers, 3362 habitants.

(2) L'abbaye cistercienne de Calers, dont notre éminent compatriote M.-C. Barrière-Flavy a fait la monographie, était de la filiation de Grandselve et fut fondée en 1147 sur les coteaux qui dominent la plaine de l'Ariège, vis-à-vis Cintegabelle, par les principaux seigneurs du pays, notamment ceux de l'illustre maison de Durfort. Comme les abbayes de Boulbonne et de Combelongue, elle possédait à Pamiers une maison que l'abbé Maurin lui avait donnée en fief. La ville de Gaillac-Toulza doit sa naissance à cette abbaye. L'abbé en était seigneur en paréage avec le roi, en toute justice haute, moyenne et basse. En outre d'un moulin à vent, qui était affermé en 1730 à Jean Delpech ponr la rente de 10 setiers de blé, les religieux de Calers possédaient « un moulin farinier, dit le moulinadou », avec granges adjacentes, situé « sur la rivière de l'Ariège très rapide et très dangereuse », qui, en 1730, était affermé à Jean-Jacques Sarrat, pour 2240 livres, plus les réserves, soit 3.050 livres 10 sols. (Voir *Pouillé du diocèse de Rieux*, par M.-C. Barrière-Flavy, Foix, Francal 1896). L'abbé avec lequel les consuls de de Pamiers traitèrent en 1287, moyennant un versement de 120 livres tournois, se nommait Aymar de Brassoles.

L'ancien monastère de Calers fut détruit par les huguenots en 1548. Le premier abbé avait été Etienne, mort en 1149 ; le dernier, pourvu en commende en 1751, Guyonet de Montbalon.

(3) Sur la fin du XVIIIe siècle, l'Ariège servait encore au transport des voyageurs qui pouvaient se rendre par bateau de Pamiers à Toulouse et *vice versa*, comme l'atteste une lettre de 1780, conservée dans nos archives particulières, par laquelle M. Subra-Villeneuve informe un de ses oncles, qu'après les fêtes du carnaval il

de la dévastation des forêts, de la diminution des glaciers pyrénéens et de la clémence relative des hivers, elle ne l'est plus que de Cintegabelle, où elle reçoit les eaux de l'Hers, à son point de jonction avec la Garonne, à 2 kilomètres environ en aval de Pinsaguel, vis-à-vis du village de Portet-Saint-Simon, sur une longueur fixée légalement à 31 kilomètres. Aux époques reculées dont nous nous occupons, le mauvais état des chemins et les difficultés des voyages par terre, donnaient une grande importance aux transports par rivières (1).

La production vinicole, si faible de nos jours, atteignait alors des proportions considérables. Nos archives conservent les preuves frappantes de cette ancienne prospérité. La ville de Pamiers, dotée par l'Abbaye de Saint-Antonin, sa véritable fondatrice, d'une charte de franchises qui favorisait on ne peut mieux son développement, faisait alors un grand commerce de l'excellent vin récolté sur son territoire. On le transportait par bateaux j'usqu'à Bordeaux, où il arrivait non sans avoir subi, comme de nos jours, de nombreux droits de transit.

Les vins de Pamiers jouissaient, jadis, d'une très bonne réputation. On trouve, dans les comptes du Domaine, en 1310, la dépense d'une somme donnée à Macelot du Port, échanson du roi à Pourçain (2), pour apporter à Philippe le Bel l'épreuve des vins de Gaillac en Albigeois, de *Pamiers* et de Montesquieu dans le Toulousain (3).

D'après une tradition constante, le vin du quartier de Baudet fut longtemps réservé à la table du roi.

Au livre III de ses *Chroniques*, Froissard, qui traversa Pamiers en novembre 1388, signale en ces termes l'admiration que lui causa la vue des vignobles de cette ville ; « Quand j'eus séjourné en la cité de Pamiers trois jours, *laquelle cité est moult séduisant, car elle sied en beaux vignobles bons et*

prendra une barque pour retourner à Pamiers. On a même usé de ce système de transport, quoique plus rarement, dans le cours du XIXe siècle. C'est de cette façon que les contingents ariégeois enrôlés pour la campagne de Crimée, concentrés en grande partie à Pamiers, furent dirigés sur Toulouse, comme nous l'ont récemment appris des vétérans de cette guerre.

(1) Sur ce que fut autrefois la navigation fluviale dans la contrée qui forme actuellement le département de l'Ariège, sur ce qu'elle est de nos jours et sur la nécessité qui s'impose d'un retour à la sage et si utile application que nos pères faisaient des forces hydrauliques de notre pays à leurs besoins et à leurs intérêts, voir notre étude : *Les rivières de l'Ariège, leur passé, leur présent et leur avenir*, communication présentée au Congrès du Sud-Ouest navigable de Toulouse. (Privat, librairie de l'Université, 14, rue des Arts, Toulouse, 1904.)

(2) Les vins de Saint-Pourçain, en Auvergne, étaient les plus renommés du Midi.

(3) Archives municipales de Pamiers, case 2, n° 7.

à grand planté, et environnée d'une belle rivière qu'on appelle la Riège, en ce séjour me vint d'aventure un chevalier de l'Hôtel du comte de Foix... »

La culture de la vigne demeura, pendant toute la durée de l'ancien régime, la principale source de richesse pour Pamiers ; aussi l'article de sa constitution intérieure le plus continuellement édicté et le plus rigoureusement observé, interdisait-il l'entrée du vin étranger, sauf pour les jeunes gens qui venaient de loin faire leurs études au Collège, (1) ou dans les années de grande pénurie. Les règlements de police sur les vignes furent aussi toujours très sévères.

La plus ancienne Ordonnance des Consuls et Syndics de Pamiers, portant prohibition de l'entrée de tout vin étranger, est celle du 13 mai 1300. L'original de cet acte, dressé sur parchemin par le notaire public, Jean Aurelhas, est conservé aux Archives municipales, case 1, n° 89 Il est accompagné d'une copie faite par Lauriol, déchiffreur, le 2 janvier 1707. L'ordonnance comprend vingt-trois articles, dont voici le vingtième :

« Item fuit ordinatum quod nullus sit ausus mittere vinum seu vendemiam de vineis extra territorium Appamiarum situatis nisi operarentur seu excolerentur per homines seu mercenarios Appamiarum sub poena amissionis vini et vindemiæ dominio applicandæ nisi deponendo et conservando eumdem. »

Primitivement donc, la prohibition frappait tout vin et toute vendange provenant de vignes situées hors du territoire de Pamiers, sous peine de confiscation du vin ou de la vendange, à moins que ces vignes n'eussent été cultivées et les vins fabriqués par des hommes ou des vignerons de Pamiers.

Cette exception ne fut pas de longue durée, et en la supprimant on ajouta une amende à la peine de la confiscation portée contre quiconque introduirait dans Pamiers du vin ou de la vendange récoltés hors de son dîmaire.

Le vingtième article de l'Ordonnance du 13 mai 1300 fut renouvelé et complété, le 11 mars 1371, par l'évêque Guillaume

---

(1) Le Collège de Pamiers est le second des Collèges fondés en France par les Pères Jésuites. Il fut inauguré après les fêtes de Noël de l'année 1559. Notre savant compatriote, M. C. Barrière-Flavy en publie en ce moment l'histoire dans le *Bulletin de la Société ariégeoise des Sciences, Lettres et Arts*. Cet établissement d'enseignement secondaire fut, à tous les moments de sa longue et glorieuse existence et demeure toujours, grâce au savoir et au dévouement de ses maîtres d'élite, une maison de premier ordre qui jouit à bon droit de l'entière confiance des familles. La liste des hommes remarquables qui se sont formés dans sa vénérable enceinte constitue à elle seule la plus solide et la plus efficace des recommandations. Impossible et inutile de la dresser ici, car elle serait aussi longue qu'elle est honorable. Elle est, d'ailleurs, gravée dans toutes les mémoires et dans tous les cœurs.

de Montespan (1) et le comte de Foix Gaston II, coseigneurs de Pamiers, *voluntate et consensu gentium dictæ Civitatis*, avec l'assentiment du peuple réuni dans l'église paroissiale de Notre-Dame du Mercadal, où il avait été convoqué pour l'élection des syndics des divers quartiers.

Une amende de 60 sous tolzas, dont une moitié devait profiter aux coseigneurs et l'autre moitié être employée aux murs de clôture de la ville, s'ajoutait désormais à la confiscation du vin étranger, sans qu'il fût plus question de soustraire à la prohibition le vin ou la vendange provenant de vignes situées hors de la juridiction de Pamiers, mais travaillées par les vignerons de la ville.

Par contre, il était clairement stipulé que la prohibition devait cesser dans les cas de pénurie ou de rigueur du temps ou de rareté du vin et de la vendange, *propter penuriam vel temporis austeritatem vel raritatem vini vel vindemiæ*. Ce second acte, dressé sur parchemin par Jean de Vico, licencié ès lois, figure aux Archives municipales, sous la cote n° 96, case 1. Nous en extrayons le passage essentiel :

« Noverint universi quod anno et die infrascriptis venerabilis et discretus vir Dominus Joannes de Vico, in Legibus Licentiatus, præpositus Civitatis Appamiarum pro Dominis Appamiarun Episcopo et Domino Comite, condominis dictæ Civitatis, constitutus in Ecclesia Beatæ Mariæ Mercadali Appamiarum in qua homines infrascripti congregati et convocati fuerunt cum tuba ad creandum et instituendum Scindicos Universitatis Appamiarum prædictæ, dixit et significavit hominibus prædictis inferius nominatis quod Dominus Episcopus et comes Fuxi, condomini prædictæ Civitatis, mandaverant sibi cum suis literis apertis et sigillatis justa tenorem suarum literarum statutum usum et observantiam antiquam ipsius Civitatis continentes quod *nullus homo ipsius Civitatis nec aliquis alter extraneus poneret vel aliter mitteret infra Civitatem Appamiarum nec pertinentias ejusdem vinum neque vindemiam, nisi fuisset excressum sive levatum infra decimarium dictæ Civitatis et hoc sub pœna amissionis vini et sexagenta solidorum tolsanorum, applicanda prædicta pœna videlicet dictis condominis medietatem et aliam medietatem clausuris communibus Appamiarum. In casu quo sibi existat firmiori de dicto statuto usu et observantia ac voluntate et consensu gentium dictæ Civitptis seu majorem partem eorumdem prœdictus idem Dominus prœpositus interrogavit dictos homines ibidem congregatos si volebant quod dictum statutum, usus et consuetudo de non ponendo vinum neque vindemiam, obsevaretur prout ex prædictis literis Condominorum prædictorum mandatur, et si erat ita videlicet quod esse usus et consuetudo de non ponendis seu mittendis vinis prout ex his literis continebatur et mandabatur. Et ibidem præfati homines respondentes ad interrogationem præfati Domini præpositi, dixerunt dictum statutum usum et observantiam esse de non ponendo vinum neque vindemiam infra dictam civitatem nec ejus jurisdictionem et ita valere tenere et observare petierunt dummodo nullus faciat in contrarium nec aliquis ascensus poneret ut præmissum est vinum neque vindemiam infra dictam Civitatem nisi propter penuriam vel temporis austeritatem vel raritatem vini vel vindemiæ ex nunc prout ex tunc...* »

Voici, d'après les Archives municipales, les divers renouvellements qui furent faits jusque vers la moitié du XVIe siècle, de

(1) Evêque de Pamiers de 1351 à 1372, transféré à l'évêché de Comminges, mort en 1383.

la prohibition relative à l'entrée du vin étranger, de même que les principaux cas dans lesquels il fut, par exception, dérogé à cette prohibition.

Le 24 septembre 1403 on réitéra la défense de laisser entrer dans la ville du vin ou de la vendange recueillis hors du domaimaine de Pamiers Le 29 novembre de la même année, on accorda cependant aux véritables habitants de Pamiers, payant la taille, dont les vignes avaient été ravagées par la grêle, la permission de faire entrer du vin étranger pour leur provision en leur interdisant de le vendre ou de le prêter. De crainte que ces autorisations exceptionnelles ne fussent données par surprise, on décida qu'elles ne seraient délivrées que les jours des séances régulières du Trentat ou Conseil de ville, le lundi et le vendredi. Des mesures furent prises aussi pour éviter les fraudes dans les tavernes ; les bondes des pipes de vin furent soigneusement cachetées par les syndics.

En 1408, les syndics refusèrent à l'évêque Bertrand d'Ornésan (1) alors à Rome, la *mésade*, c'est-à-dire la permission de vendre, durant un mois, dans la ville le vin récolté ou provenant des dîmes hors de la juridiction de Pamiers. Le Conseil général, réuni par les syndics, dut acquiescer à l'avis du peuple, qui s'opposa à cette autorisation parce que l'évêque et les chanoines de sa cathédrale étaient en litige au sujet du payement des tailles.

Un grand conseil décida, le 26 juillet 1437, que les chanoines seraient tenus de déclarer, sous la foi du serment, d'où venait le vin de leurs rentes, car on s'était aperçu qu'il entrait beaucoup trop de vin étranger dans la ville.

Le 28 octobre 1439, l'interdiction de laisser entrer du vin étranger dans la ville, qui avait été supprimée depuis deux ans, à cause de la disette, fut rétablie, les vendanges ayant été abondantes.

En 1450, le vin étant descendu à trois écus la pipe, les syndics décidèrent de ne plus laisser entrer du vin étranger jusqu'à ce qu'il fût remonté à un prix plus rémunérateur.

En 1457, le juge d'appeaux eut à se prononcer négativement sur une plainte du Chapitre cathédral, prenant fait et cause pour un chanoine à qui la Communauté, conformément aux anciens statuts, refusait de laisser entrer en ville quelque ven-

---

(1) Bertrand d'Ornésan, évêque *clémentin* (1380-1421).

dange qu'il avait recueillie dans les vignes qu'il possédait aux Allemans (1).

En 1467, Pierre Maurel, juge d'appeaux et recteur de Gaudiès, demanda à faire entrer, pour la provision de sa maison, le vin de sa rectorerie de Gaudiès. Il y fut autorisé, « sous la réserve des privilèges et défenses contraires de la ville ». Le 31 octobre de la même année, les Frères Prêcheurs (2) furent autorisés à faire entrer le vin de leurs quêtes, sous le serment de n'en pas faire entrer d'autre en même temps. La circonstance exceptionnelle de la noce de sa fille valut à Bernard Auriol de la Bastide la permission de faire entrer une charge de vin. On ne s'en montrait pas moins très sévère quand le vin entrait par fraude et sans licence. Une demi-pipe de vin muscat fut confisquée le 11 novembre 1467, et l'on en distribua un baril dans chaque quartier.

En 1468, les Frères Prêcheurs furent encore autorisés à faire entrer le vin provenant de leurs quêtes, à cause du Chapitre général de leur Ordre qui se tint à Pamiers le dimanche avant la Madeleine.

La ville faisait taire aussi, en faveur des écoliers, comme nous l'avons déjà dit, la sévérité des prohibitions pour les vins étrangers et permettait l'entrée du vin qui leur était nécessaire (3).

Le 17 mai 1511, l'évêque Mathieu d'Artigueloube (4), qui

(1) Village du canton de Pamiers, 778 habitants, autrefois siège d'une Viguerie royale.

(2) *Annales de Pamiers*, par M. Jules de Lahondès, Toulouse, E. Privat, 1882 (t. I, p. 350).

(3) La première mention des Frères Prêcheurs ou Dominicains de Pamiers remonte au 16 décembre 1269, date à laquelle le roi Saint Louis ordonna au sénéchal de Carcassonne de leur payer quinze livres tournois par an pour leur vestiaire, et dix sous tournois par semaine pour leur subsistance. Déjà en 1217, deux ans après que saint Dominique eut fondé son Ordre à Toulouse, l'évêque Foulques leur avait donné trois églises, l'une à Toulouse, la deuxième à Pamiers, la troisième près de Sorèze. Ils ne s'installèrent à Pamiers, où ils devaient jouer un si grand rôle, que plus tard, et il est probable qu'ils y étaient depuis peu de temps lorsque Saint Louis leur accorda ces secours. Ils y fondèrent un beau couvent dans la rue qui prit d'eux le nom de rue des Jacobins. C'est dans ce couvent transformé que se trouvait le petit séminaire diocésain, malheureusement désaffecté depuis la promulgation de la loi de séparation. On sait que les frères prêcheurs furent appelés *Jacobins*, parce qu'ils s'établirent d'abord à Paris dans l'hôpital Saint-Jacques, que Jean de Barrastre avait fait construire pour les pèlerins, et qu'il donna aux religieux de Saint Dominique en 1221. (Voir *Histoire générale de Languedoc*, édition Privat, t-v. col. 1623 ; *Annales de Pamiers* t-i. pp. 87-88 ; *Les Frères Prêcheurs de Pamiers*, par Mgr Douais ; *Nos premiers lis Dominicains*, par M. le Chanoine Barbier, dans la *Semaine catholique* de Pamiers.

(4) Mathieu d'Artigueloube, évêque schismatique depuis 1468, fut légitime de 1506 à 1513.

venait de France où il était depuis six mois (1), sollicita des Consuls l'autorisation de vendre son vin pendant un mois pour compenser les dépenses nombreuses qu'il avait faites. Pour éviter à la fois son courroux et le dommage des habitants empêchés de vendre leur vin, les Consuls engagèrent les taverniers à acheter les 57 pipes du chai épiscopal ; comme les taverniers ne voulaient donner que 4 écus 12 gros de la pipe, et que l'évêque demandait 5 écus, les Consuls ajoutèrent 6 gros par pipe. Ils firent de même en 1512.

Le 17 juillet 1526, les chanoines de Pamiers ayant refusé de contribuer aux réparations des ponts et des murailles, les Consuls leur interdirent, par représailles, de faire entrer le vin de leurs bénéfices dans la ville, parce que, d'ailleurs, le vin de leurs dîmes de la juridiction de Pamiers était bien suffisant pour leur provision. Ils répliquèrent en faisant payer la taxe foraine à un charretier de Pamiers, malgré les privilèges de la ville. Le Conseil du Trentat, exaspéré, décida d'en écrire à l'évêque et au Chapitre et de ne pas se laisser subjuguer de la sorte.

On n'avait de même autorisé qu'une quinzaine à l'évêque Bertrand de Lordat, (2) qui avait demandé la *mésade*, et encore parce qu'il était fils de la ville, et que c'était la première demande qu'il adressait au Conseil.

En 1547, l'entrée du vin étranger fut défendue et surveillée plus sévèrement, car il se commettait des infractions nombreuses à cette prohibition que la ville avait toujours maintenue avec une si jalouse persistance.

A partir de cette date, nous n'avons trouvé plus trace d'une mesure protectionniste qui favorisa singuliérement la culture du vin à Pamiers pendant plusieurs siècles et le développement de son commerce dont la richesse du sol, fécondé par un travail persévérant et libre, lui fournissait les premiers éléments.

Il nous reste à signaler les pièces de nos archives qui attestent la grande extension donnée par nos pères à l'exportation

(1) Le pays de Pamiers *n'était pas en France*, il était chez lui, noble, franc et libre, et avait pour limites *les terres de France*. Lorsqu'on les franchissait, on disait qu'on allait *au pays de France ou qu'on revenait de France*. Il en était encore ainsi au XVIe siècle, époque où la langue française était encore étrangère dans ces contrées; et lorsque, en 1301, l'Evêque De Saisset répondait à Philippe le Bel qu'il n'était pas sujet du roi et que sa ville de Pamiers n'était pas du royaume, ni dans le royaume de France, il avait raison. (*Notice historique sur la ville et le pays de Pamiers*, par Jacques Ourgaud, T. Vergé, 1865, p. 71).

(2) Bertrand de Lordat (1521-1547).

du vin récolté sur leurs terres et si rigoureusement protégé contre toute concurrence étrangère. Ces pièces démontrent aussi l'heureux emploi que l'on savait faire à ces époques reculées de nos cours d'eau, aujourd'hui si peu utilisés pour la navigation et pour le transport des marchandises.

L'« INVENTAIRE *et Analyse des titres de la Ville et Communauté de Pamiers* (1) », dressé en 1764 par le feudiste Sandral et qui, dans bien des cas, peut suppléer les documents perdus ou devenus indéchiffrables par suite du ravage des ans et des rongeurs, contient le résumé suivant de neuf documents, disparus aujourd'hui pour la plupart ou en mauvais état, mais dont les principaux ont été heureusement publiés par M. Jules de Lahondès dans les *Annales de Pamiers* et par les nouveaux éditeurs de l'*Histoire générale de Languedoc.*

22 avril 1255. — Sentence arbitrale rendue par Aymeric Palhers, juge de Toulouse, portant que les habitants de Pamiers, en passant à Autherive (2) avec leurs bateaux, ne payeront à Sicart de Montaut que 6 mortos par tonneau de vin pour la leude de passage (3).

10 octobre 1272. — Permission accordée aux Consuls et habitants de Pamiers par Arnaud de Marquefave et les autres seigneurs de Saverdun, de faire faire des navières aux moulins de Saverdun, et de passer librement avec leurs bateaux sur l'Ariège dans toute la seigneurie de Saverdun, en payant 6 toulzas de leude par tonneau, et pour les autres choses, comme ils en payeraient s'ils passaient par terre.

5 janvier 1285. — Concession de Raymond de Durfort aux Consuls et habitants de Pamiers de la liberté et sûreté de passage par eau et par terre dans toute la seigneurie de Bonnac, promettant de faire faire une navière au moulin qu'il y a, pour le passage de leurs bateaux, et de l'entretenir à ses dépens, moyennant 30 livres que lesdits Consuls lui comptent pour une fois seulement.

12 février 1285. — Consentement donné par les douze Consuls de Pamiers que le Roy d'Angleterre, duc d'Aquitaine, ou ses gens, perçoivent à Bordeaux pour la grande coutume, cinq sols quatre deniers tournois et non au delà pour chaque tonneau de vin que les habitants de Pamiers y feront transporter par eau ou par terre, pour en être tiré, et pour la coutume appelée *ishae*, la moitié de la grande, et pour celle appelée *Royan*, 2 deniers et obole aussi par tonneau. Le sceau de cette pièce, qui en faisait la forme, manque (4).

---

(1) Archives municip. de Pamiers, ms. de 89 pages, petit in-folio, renfermant 492 articles répartis sous cette double rubrique : *Actes en parchemin, Actes inscrits sur le papier* (p. 26, n° 89).

(2) Auterive, chef-lieu de canton de la Haute-Garonne, 2807 habitants.

(3) La sentence portait que, outre les 6 deniers mortos par tonneau de vin pour le droit de leude en passant devant le moulin de Sicard de Montaut, à Autherive, les habitants de Pamiers devaient payer 60 livres tournoises pour réparer les moulins et leur naviere. Le texte de cette sentence figure dans le tome VIII de *l'Histoire générale de Languedoc*, éd. Privat, col. 1357.

(4) Cet acte publié par M. Jules de Lahondès en tête des pièces justificatives du tome 1er des *Annales de Pamiers*, est le plus important parmi ceux qui établissent combien l'extension du commerce du vin dans notre région fut considérable au moyen âge. Par cet acte, les Consuls de Pamiers : Arnaud de Calmels, Bernard Morenc, Raymond Fage, Pierre de Villautou, Guillaume de Carlar, Raymond Graciosté, Raymond de Villeneuve, Guillaume Etienne Raymond Martin, Jean de Lascar, Guillaume d'Escosse, Pierre André, s'engagèrent à payer à Edouard, roi d'Angleterre et duc d'Aquitaine, pour chaque tonneau de vin apporté ou passant à Bordeaux par terre ou par bateau, cinq sous et qatre deniers tournois, ou six sous et cinq deniers, en

25 mars 1287. — Promesse et obligation du monastère et abbé de Calers aux Consuls de Pamiers de tenir la navière de leur moulin de Nodo ou Moulinadou, sur l'Ariège, réparée et en état pour que les bateaux de Pamiers y puissent passer en sûreté, pour quoy faire les Consuls luy comptent 120 livres (2).

1322. — Traité fait entre les Consuls de Pamiers et trois particuliers de Saverdun que, moyennant 10 livres que lesdits Consuls leur donnent, ils auront ôté dans quinzaine tous les obstacles et embarras qu'il peut y avoir dans l'Ariège, qui empêchent le passage des bateaux depuis le port de Pamiers jusqu'à Saverdun.

12 juin 1332. — Sentence rendue par les Consuls de Saverdun contre les seigneurs et maîtres des moulins du dit Saverdun, en faveur des Consuls et habitants de Pamiers, que lesdits seigneurs vouloient faire contribuer aux réparations desdits moulins et pour cela avoient commencé à faire des exécutions sur les biens desdits habitants de Pamiers : il y est déclaré par lesdits juges que ces exécutions avoient été trop précipitées, et ils y ordonnent d'en délibérer.

1332. — Autre sentence rendue par Géraud Radicoris, commissaire député par le Maître des Eaux et Forêts, qui décharge les Consuls et habitants de Pamiers des réparations qui leur étoient demandées par lesdits seigneurs et maîtres desdits moulins de Saverdun.

1336. — Autre sentence du Maître des Eaux et Forêts qui décharge lesdits Consuls de Pamiers des réparations des chaussées et navières des moulins de Saverdun, que les seigneurs et pariers leur demandoient.

Eugène FERRAN,
Chanoine honoraire,
Officier de l'Instruction publique,
Secrétaire-adjoint de la Société Ariégeoise
des Sciences, Lettres et Arts.

---

monnaie de Bordeaux, droit appelé la *grande coutume,* la moitié de cette somme pour le droit d'*Yshach* dû pour le vin vendu, acheté et retiré à Bordeaux ; deux deniers et une obole pour le droit dit de *Royan,* et la moitié de ces sommes pour chaque pipe de vin.

Le tonneau (*tonellum* ou *dolium*) valait donc deux pipes : la pipe valait 4 hectolitres. — Les Consuls ajoutent qu'ils ratifient et acceptent tout ce qui a été consenti sur ces matières entre les Consuls de Toulouse, Gaillac, Lisle, Rabastens, Villemur, Moissac, et Jean de Gaillac, sénéchal du roi en Aquitaine.

L'acte fut passé par-devant Chaussard, notaire des Consuls de Pamiers ; les archives en ont conservé jusqu'en ces dernières années une reproduction écrite le 10 juillet 1305 par le notaire Marc Benel. Au XVIIIe siècle, il servit de pièce justificative pour les procès entre la province de Languedoc et la ville de Bordeaux, qui voulait fermer son port et ses portes aux vins de nos provinces.

« Les vins de Pamiers, fait remarquer M. Jules de Lahondès (*Annales de Pamiers*, t. I, p. 84-5), jouissaient d'une assez grande réputation. Venus sur un sol graveleux, un peu ferrugineux, à la fois chaud et humide, dans la vallée encore la plus méridionale de la France, mais préservée des chaleurs torrides par la muraille neigeuse des Pyrénées, ils présentaient une certaine analogie avec ceux du Bordelais qui étaient cultivés dans les mêmes conditions. Le choix des cépages était plus sévèrement surveillé qu'aujourd'hui. Les Bordelais se montrèrent plus tard fort jaloux des vins du Languedoc, et imposèrent beaucoup de restrictions à leur entrée. »

(2) On disait en proverbe d'une chose perdue et qu'on ne devait plus revoir : *A passat à Calers.* Les bateaux ne pouvaient pas remonter la rivière à cause des passelis établis aux chaussées des moulins de Saverdun, de Calers et d'Auterive, et ils étaient en conséquence vendus avec leur cargaison au lieu d'arrivée. Mais ces difficultés cessèrent à partir du traité du 25 mars 1287, qui établit comme celui du 10 octobre 1272 avec les seigneurs de Saverdun et celui du 5 janvier 1285 avec le seigneur de Bonnac, des navières, assez semblables aux écluses actuelles. Les vraies écluses, on le sait, ne furent importées d'Italie, où elles venaient d'être inventées, qu'au XVIe siècle.

La somme relativement considérable de 120 livres tournois payée, le 25 mars 1287, à l'abbé de Calers, Aymar de Brasolles, pour la transformation des passelis du moulin de l'Abbaye en navières, somme qui représentait environ 30,000 francs de notre monnaie, indique à la fois l'importance du transit pour nos vins ariégeois et l'importance de cette transformation pour le commerce local.

www.ingramcontent.com/pod-product-compliance
Lightning Source LLC
LaVergne TN
LVHW052036160826
845678LV00003B/1377

* 9 7 8 2 3 2 9 6 2 1 5 9 3 *